BURN OUT

ARRETEZ DE TIRER SUR LA CORDE

BURN OUT

ARRETEZ DE TIRER SUR LA CORDE

Comprendre pour s'en sortir et revivre

Isabelle LAGUERRIERE

Édition : BoD – Books on Demand, info@bod.fr

Impression : BoD – Books on Demand, In de Tarpen 42, Norderstedt (Allemagne)

Impression à la demande

Dépôt légal : Août 2022

ISBN 978-2-3224-4129-7

© 2022 Isabelle Laguerriere

Chaleureux remerciements à :

Marie-Thé, José, Philippe pour leur amour et leur soutien indéfectible

Maryse pour ses talents de lectrice

Chapitre 1
Que m'arrive-t-il ?

Vivre un burn out c'est comme tomber d'un avion sans parachute. Une peur intense vous envahit, vous êtes incapable d'agir, comme paralysé de l'intérieur face à une situation effroyable.

Le but de ce livre est de comprendre ce que vous vivez, vos ressentis ou ceux d'un proche en burn out.

Pourquoi ? Parce que comprendre est indispensable pour rester en vie lors de l'atterrissage plutôt violent qu'est le burn out.

Le burn out c'est être ravagé, brûlé de l'intérieur, laissé sans force, presque sans vie, et ne pas savoir comment remonter la pente, ne pas s'en sentir capable, et souvent ne plus avoir envie de remonter la pente tellement vous êtes à terre, sans force, sans envie de vivre, hagard.

Lors du burn out vous vous sentez complètement détruit, toutes vos tentatives pour remonter la pente s'échouent sur un mur de verre de 2 kilomètres de haut que vous ne voyez même pas. Chaque chute vous laisse sans arrêt plus bas que terre, sans force, quels que soient vos efforts pour remonter la pente.

Comprendre pourquoi votre corps et votre esprit vous lâchent à ce point est un besoin viscéral afin d'entamer une démarche de reconstruction efficace et d'arrêter de vous échouer encore et encore sur ce mur, de plus en plus épuisé.

Avant le burn out vous étiez très actif, dynamique, avec une force de travail hallucinante. Vous meniez avec talent vie privée et vie professionnelle. Bref vous assuriez sérieusement.

Même ces derniers temps où bien qu'épuisé vous étiez toujours très réactif.

Puis, progressivement, quelques grains de sable sont venus enrayer le mécanisme, tout doucement, jusqu'à l'effondrement total.

D'abord certaines douleurs physiques sont apparues : maux de ventre à tomber, tendinites persistantes, douleurs dentaires inexpliquées, mal de dos carabiné, migraines incessantes, malaise vagal, etc.

Mais bon vous ne vous arrêtez pas pour rien, il y a tant à faire...

Puis le sommeil est devenu de moins bonne qualité. Vous vous réveillez fatigué, épuisé.

Mais vous prenez sur vous et vous tenez bon.

Vous avez toujours été apprécié pour votre travail puis tout à coup vous avez le sentiment que la qualité de votre travail est mise en défaut par votre entourage professionnel.

Résultat vous vous mettez en hyper vigilance. Vous regardez toutes les deux minutes vos mails pour être réactif. Réagir vite est votre réflexe pour vous protéger et garder votre légitimité.

Puis les cauchemars arrivent. L'énergie

chute et en même temps vous êtes de plus en plus sur le qui-vive.

Soudain c'est l'effondrement. Votre corps lâche. Le médecin vous arrête. Et là BING votre univers s'effondre, vous n'arrivez plus à reprendre durablement.

La journée vos pensées tournent en boucle. La situation vous obsède.

Vous n'avez plus qu'une idée : remonter sur le ring, reprendre le combat.

Votre énergie façon Karl Lewis est aux abonnés absents. Vous remettre en selle demande une énergie que vous n'avez plus. Or vous n'avez jamais connu cette situation.

Verdict du médecin : REPOS, pas le choix.

Vos nuits se remplissent de cauchemars. Votre sommeil n'est plus réparateur. Vous vous levez la boule au ventre, les nerfs à vifs, et cette fatigue qui ne vous quitte plus.

Le cycle infernal s'enclenche : vos jours et vos nuits sont remplis d'angoisse. D'ailleurs tiens une chose nouvelle apparaît dans vos vies : les crises d'angoisse. Vous n'en aviez jamais eu auparavant…

Par dessus tout une immense peur vous envahit jour et nuit. Une effroyable peur de ne plus arriver à vous assumer :

BIENVENUE

AU PAYS DU BURN OUT

Chapitre 2
À qui s'adresse ce livre ?

Ce livre s'adresse aux personnes vivant le tsunami du burn out, au personnel soignant souhaitant davantage comprendre cette situation de l'intérieur, à l'entourage des personnes vivant un burn out, car des mots ne peuvent pas toujours être mis pour expliquer ce que l'on ressent.

Offrir ce livre à ses proches peut être une façon de leur dire :

« Comprends-moi,

Soutiens-moi,

Aide-moi,

Aime-moi,

Répare-moi

J ai besoin de toi ».

Comment expliquer à l'autre ce que

l'on ne comprend pas soi-même ?

Ce livre parlera pour vous et permettra à l'autre d'avoir les informations pour comprendre votre bouleversement de vie, votre ravage intérieur.

Ce livre s'adresse également aux DRH, directeurs et personnes détentrices d'autorité, membres de comité d'hygiène et de sécurité, etc, qui se retrouveront forcément à un moment de leur carrière face à une personne en burn out.

Je souhaite de tout cœur et avec le plus grand sérieux que quelques politiciens, juristes et policiers, qui sont souvent à un moment donné impliqués dans les démarches du burné, personne vivant un burn out, se plongent dans cet ouvrage afin de comprendre le réel tsunami que vivent les victimes de burn out et l'impérieuse nécessité d'agir rapidement pour tendre réellement et efficacement la main aux très nombreuses personnes victimes de ce fléau d'actualité.

Plus vite nous mettrons en place des mesures efficaces pour aider à se remettre sur pied cette armée de citrons pressés que sont les burnés, plus vite notre société tournera mieux car ce sont souvent des êtres d'excellence, avec une très grande capacité de travail et une intelligence émotionnelle élevée.

En agissant sérieusement sur le plan du burn out notre société retrouverait une part de sa dignité bien entachée par cette attitude de non-assistance à personne en danger qu'elle adopte souvent face aux personnes en burn out.

Que vous en ayez conscience ou non il s'agit vraiment de non assistance à personne en danger.

Chacun vit sa vie mais le burné lui sa vie s'est arrêtée et il est en pause dramatique, hébété, hagard, parfois pendant des années. Il ne sait plus comment vivre ni pourquoi vivre.

Lorsqu'on n'a pas compris c'est une chose, mais nombre de responsables hiérarchiques savent pertinemment que certains employés sous leur responsabilité sont dans cet état. Seulement voilà : « ils sont fragiles », je n'ai donc pas à me remettre en question. Bien pratique comme analyse…

Seulement face à l'ampleur du burn out le concept de fragilité du burné ne tient plus.

Notre société va devoir ouvrir les yeux sur sa responsabilité au lieu de culpabiliser les burnés.

Mon propos n'est pas de dire que le burné ne devra rien changer. Le burné passera nécessairement par une étape où il apprendra à se protéger, à moins s'investir etc.

Dans le burn out il y a un temps pour agir mais ce temps pour agir ne pourra exister qu'après un temps pour comprendre et un temps pour être soutenu, réparé, reconstruit.

Le burné sera plus fort pour agir lorsqu'il aura vécu un temps pour l'humanité et la compréhension, un temps pour la reconnaissance de sa souffrance indescriptible, un temps sans jugement.

Ce temps le burné en a besoin pour se reconnecter à l'humanité et pour retrouver le goût et l'envie de vivre. Il ne peut le faire sans cette reconnaissance de sa souffrance.

Chapitre 3
Le burn out est une réponse normale face à une situation anormale et non un signe de fragilité

Notre société a souvent tendance à rendre le burné responsable de son état en lui renvoyant l'image qu'il est fragile.

Est-ce la meilleure chose à faire ?

Le burn out dû au harcèlement moral ou à une pression hors norme est **une réponse saine et normale en réaction à une pression anormale, ou hors norme pour l'individu.**

Ce n'est pas un signe de fragilité comme on le ressent parfois ou comme on vous le signifie souvent.

Le burn out est une étape signifiant que vos mécanismes de protection interne fonctionnent et vous protègent et que votre corps dit :

STOP :

Les choses ne vont plus fonctionner ainsi à mes dépens, je ne serai plus la variable d'ajustement pour que les choses tournent. Le burn out c'est l'expression que votre corps dit stop.

À travers le burn out votre corps et votre esprit ouvrent une soupape de sécurité pour arrêter la montée en pression comme un bouchon de cocotte minute sert de sécurité à une mise en pression intense.

Sans le burn out la souffrance physique et psychique serait allée beaucoup plus loin, et les conséquences auraient été pires. Même si vous pensez que ça ne peut pas être pire je vous assure que si.

Lorsqu'on est en plein burn out on a le sentiment de vivre le pire, de brûler littéralement comme un objet et qu'il ne restera que des cendres. Vous vivez dans l'angoisse permanente jour et nuit. Vous vous tordez de peur, de douleur et de détresse.

Mais prenez conscience qu'à travers le burn out votre corps vous lance la bouée

de sauvetage comme celle que les sauveteurs lancent à celui qu'ils vont sauver de la noyade.

Le burn out signifie que votre corps a pris les commandes pour vous sauver la vie et pour cela il a besoin de prendre la direction totalement pendant un certain temps et de vous mettre en stand by total pour vous mettre en mode réparation et reconstruction, c'est cela le burn out.

Alors oui, il faut accepter de ne plus contrôler grand-chose, c'est vrai ce n'est pas simple à accepter, mais par contre c'est efficace, comme le phénix renaît de ses cendres, **vous allez renaître à la vie, plus fort, plus entier, plus en accord avec vous-même.**

Prenez confiance et acceptez le burn out comme : « mon corps prend les choses en main pour me sauver la vie, me guérir et je l'accepte ».

Le burn out est une force, une chance et un signe qu'au fond vous allez bien car même s'il faut accepter les crises d'angoisse, les pleurs, les phobies, les cauchemars, les nuits sans sommeil et j'en passe. **Souvenez-vous : Le burn out est une réponse normale et saine pour vous protéger d'une situation anormale, d'une pression hors norme pour vous.**

Vous allez renaître à la vie, faites confiance à votre système de sécurité interne, il a pris les choses en mains. Voilà ce qu'est le burn out.

Acceptez ces étapes où vous ne contrôlez plus rien, elles sont paradoxalement le signe que les choses vont aller mieux même si sur le coup vous le percevez comme si c'était de pire en pire.

Pour comprendre, pensez à l'accouchement, des souffrances terribles interminables où on ne contrôle plus rien, où on arrive à ne plus rien retenir, où on a l'impression qu'on va y laisser la peau, puis au final le miracle d'avoir créé une vie.

Le burn out c'est quelque part se redonner la vie, c'est au final la chance d'avoir saisi la bouée de sauvetage pour survivre au bateau qui coule.

Acceptez cette main tendue même si elle prend pendant quelques mois ou années la forme très étrange de crises de larmes, d'angoisse et de bien d autres réactions.

Je ne minimise pas du tout la gravité des conséquences du burn out pendant ce temps de guérison et de l'enfer que vous traversez. J'ai pleinement conscience que c'est extrêmement dur à vivre, mais c'est au fond la bouée jetée pour vous sauver la vie. Prenez-la et acceptez-la telle qu'elle est et je vous assure qu'elle vous conduira à la sortie du tunnel où vous reprendrez en mains les manettes de votre vie et de votre vie telle qu'elle vous correspond, une vie taillée pour vous sur mesure, une vie qui correspond vraiment à vos aspirations profondes.

Les burnés ont souvent le sentiment d'avoir été pressés comme des citrons, vidés jusqu'à l'extrême. Ils sont tellement épuisés qu'ils ressentent dans leur corps que plus jamais ils ne vont récupérer leurs forces et leurs capacités.

Les personnes en burn out s'entendent souvent dire qu'elles sont fragiles.

Réfléchissons sérieusement deux minutes : pensez-vous sincèrement que ce raisonnement aide les burnés à se remettre sur pied ? À reprendre confiance en eux ?

<u>Ils sont mal, ils sont éviscérés vivants sur la place publique et quelque part en leur apportant cette réponse on les culpabilise encore davantage en sous entendant que si cela leur arrive c'est de leur faute puisqu'ils sont fragiles ! ! ! !</u>

Réfléchissons sérieusement il est très arrangeant de reporter « la faute » sur la personne, cela évite à tout ceux qui gravitent autour de se remettre en question : hiérarchie, collègues, famille, conjoint, amis. Cela évite aussi une remise en cause de notre société quant au respect des besoins psychiques des individus qui la composent.

De prime abord, de l'extérieur, on peut effectivement penser que la personne est en burn out parce qu'elle était déjà fragile avant.

Oui on peut penser cela quand on ne connaît pas le processus du burn out, lorsqu'on ignore ce que la personne a enduré, ou tout simplement quand on veut ignorer ces deux aspects.

Prenons l'exemple d'une corde qui se rompt. Vous voyez ces épaisses cordes anciennes composées de multiples brins et épaisses de 5 cm ?

Il arrive qu'elles se rompent effectivement.

Les qualifions nous de fragiles pour autant ?

Non.

Si nous réfléchissons avec intelligence nous comprenons en les regardant attentivement tous les frottements et poids soutenus des années durant pour qu'elles en arrivent à rompre et nous avons alors le plus grand respect pour le travail qu'elles ont accompli.

Les burnés sont comme ces cordes, ils ont tenus et enduré des situations éprouvantes souvent pendant des années. Ils ont finis par rompre quelque part.

Mais vous êtes vous déjà demandé ce qu'ils ont endurés avant de rompre ?

Rétablissons l'équilibre, analysons avec intelligence, et abordons le burn out sous un autre angle.

L'angle : **<u>cela a fait trop pour la personne et j'arrête de juger que ce trop n'est pas assez à mes yeux.</u>**

Certains sportifs courent l'ultra trail. Savez-vous ce qu'est un ultra-trail ?

C'est une course à pied d'une distance supérieure à 80 km et composée d'au moins 2000 mètres de dénivelé positif, présentant moins de 15% de routes goudronnées. En langage clair presque 2 marathons en une seule course, en montagne. En France l'un des plus réputé est l'ultra-trail du Mont Blanc. Certains le courent avec maestria, ils seront par conséquent qualifiés d'athlètes de haut niveau.

Pensez-vous que parce que quelqu'un ne va pas courir l'ultra-trail du Mont Blanc on va dire qu'il est en mauvaise santé ?

Non.

Il en va de même de la pression. Connaissons-nous ce qu'a vécu la personne au cours de sa vie ? Connaissons nous le détail de sa capacité physique psychique et autre ? Non.

Une personne bien avisée fera bien de réfléchir à l'ultra-trail avant de répondre au burné : « vous êtes fragile » et de causer ainsi beaucoup de dégâts sur un champ déjà ravagé, une terre brûlée.

Le personne en burn out a peur. Peur car tout change en elle, son corps ne réagit plus comme avant. Peur car elle n'a pas le centième de sa force et de son rebond d'avant. Et dans sa psyché c'est panique à bord, le Titanic coule. Et par-dessus le marché on lui dit qu'elle est fragile et souvent au lieu de lui tendre la main on lui cherche des noises en mettant en doute ses capacités, son travail ou sa personnalité, bref sa soi-disant fragilité, ce qui nous évite de nous remettre en question.

L'épuisement et le changement rendent difficile voire impossible le simple fait d'aller faire ses courses. Alors que la personne en burn out était souvent auparavant très dynamique, active et fonceuse. C'est extrêmement perturbant à vivre et rajoute à la difficulté tant le différentiel avant et après le burn out est important.

C'est comme vouloir courir un cent mètres façon Carl Lewis en sachant tout juste marcher et en arrivant à peine à tenir sur ses jambes, voilà le différentiel avant après pour la même personne.

<u>Face à cette avalanche de changements physiques et psychiques le burné a avant tout besoin d'être rassuré et aimé, coconné et soutenu avec humanité. Il n'a certainement pas besoin de reproches.</u>

Nous sommes ici bien loin de la simpliste synthèse : « vous êtes fragile » qui évite à beaucoup d'entreprises, de structures et de personnes de se remettre en question.

Chacun se positionnera lorsqu'il est face à un burné :

— Lui tendre la main pour lui permettre de rebâtir sa vie ?

— Lui enfoncer un peu plus la tête sous l'eau en lui faisant le reproche de son hypothétique fragilité sans même se rendre compte de ce qu'il traverse ?

Comprendre le burn out est capital pour celui qui le vit. Il va ressentir un chamboulement de toute sa vie, de tout son fonctionnement physique et psychique et ne pas comprendre pourquoi son corps et son esprit réagissent ainsi.

<u>Vivre le burn out est un chamboulement total.</u>

<u>TOUTE votre vie change et vous n'avez pas le mode d'emploi pour faire avec ces changements.</u>

Vous êtes paumé dans une vie qui n'est plus tout à fait la votre ni totalement une autre.

On n'a pas le mode d'emploi alors que tout change. On a une vie à récupérer et souvent même plus la force de se lever le matin. On est comme une poule qui pond un couteau : on s'est fait mal et on ne sait pas comment faire avec.

Le réflexe est alors de vouloir retrouver son état initial, son fonctionnement d'avant, en un mot GUERIR parce que cela signifie retrouver sa vie d'avant et que cette vie là on savait comment faire avec.

Mais voilà, votre corps ne veut plus de ce fonctionnement d'avant le burn out, et tant que vous insisterez pour reprendre vos anciennes marques il réagira, se bloquera.

Nous allons comprendre pourquoi vouloir guérir est une illusion. C'est comme vouloir atteindre l'inaccessible étoile.

Là tous les burnés qui lisent cela s'effondrent.

Rassurez vous c'est illusoire : vous n'avez pas à guérir, **vous n'êtes pas malade.**

Certes un arrêt de travail est nécessaire, voir un médecin est indispensable, certains symptômes du burn out doivent être traités par médicaments, thérapie, psychothérapie etc. Les symptômes oui. Certes vous serez peut-être reconnu travailleur handicapé ou mis en invalidité ou en longue maladie.

Oui et mille fois oui.

Mais la réaction du burn out n'est pas une maladie au sens primaire du mot et le comprendre va vous permettre de reprendre confiance en votre corps.

<u>Le burn out est un système de protection qui s'est mis en place pour vous protéger, pour sauver votre vie d'une totale destruction réduite en cendres.</u>

<u>Comprendre cela change beaucoup de choses.</u>

Vous passez de mon corps et mon esprit

me lâchent à mon corps et mon esprit m'ont protégé efficacement.

L'incompréhension disparaît, l'acceptation arrive et la confiance revient. Enfin vous avez compris le message que votre corps vous envoie.

On vit souvent le burn out à travers ses symptômes : mon corps à lâché. J'ai des attaques de panique alors que je n'en n'avais jamais eu auparavant. J'ai des nuits remplies de cauchemars et d'angoisses alors que je dormais très bien. Je m'effondre au moindre mot indélicat alors que je pouvais affronter une assemblée de contre-arguments sans être déstabilisé.

Et en plus on me fait comprendre de toute part que je suis fragile ! ! ! ! :

<u>« STOP c'est clair STOP ! »</u>

<u>« Vous arrêtez là immédiatement, je ne suis pas fragile. J'en ai pris plein la tête pour pas un caramel et maintenant ça suffit je ne serai plus le rouage qui</u>

<u>s'adapte en permanence pour que les choses tournent. »</u>

Vous ne perdez pas les pédales, ni vos capacités : vous vous protégez et c'est positif et correspond à la réalité. Et à partir de cette compréhension vous allez pouvoir vous reconstruire solidement.

Comprendre que votre corps n'a pas lâché mais vous a protégé d'une autodestruction totale vous permet de reprendre confiance en votre corps et en votre psyché.

En situation de burn out on a beaucoup de questions car on ne comprend pas ce qui nous arrive. On ne fonctionne plus comme avant et c'est très perturbant.

Chapitre 4
Arrêtez de tirer sur l'ambulance !

Une approche du burn out propose que tout part de vous : votre passé, vos traumatismes, votre personnalité, votre incapacité à fixer des limites et donc que le burn out résulte en partie de vous et de votre fragilité.

De l'extérieur ces arguments sont compréhensibles. Mais quand vous êtes en plein burn out entendre cela est extrêmement culpabilisant.

Vous êtes en train de crever sur place et en plus on vous dit avec les meilleures intentions du monde que c'est de votre faute, c'est parce que vous êtes fragile ! ! !

On vous donne toute une liste de choses à faire pour que cela ne se reproduise plus : prends moins les choses à cœur, ne t'écoute pas, tu es quand même trop sensible, ou alors posez fermement vos limites, réglez vos traumatismes passés etc.

Certains de ces éléments d'analyse

pourront être entendus en leur temps et dis avec beaucoup de tact et de bienveillance et permettre au burné de réfléchir à une reconstruction solide pour l'avenir.

Mais chaque chose en son temps et dire cela d'entrée de jeu au burné, avec plus ou moins de tact ou de reproche notamment en entreprise n'est pas efficace pour aider le burné. C'est le culpabiliser alors qu'il n'a déjà plus la force d'assumer son quotidien.

Êtes-vous un enfant qui a mal agi et à qui on dit : « Voilà tu ne feras plus cela et dorénavant tu agiras ainsi pour tout supporter, tout endurer tel un char d'assaut blindé. »

Très franchement en burn out on a besoin de tout, sauf d'être culpabilisé sur ce qu'on est et ce qu'on fait.

On a mis toutes ses armes et ses forces dans la bataille et on a le sentiment de se retrouver à l'infirmerie de l'hôpital de campagne proche des derniers sacrements.

<u>ALORS STOP N'EN RAJOUTEZ PAS.</u>

NE TIREZ PAS SUR L'AMBU-LANCE

Le burné a urgemment besoin de se ressourcer, d'être apprécié et aimé tel qu'il est, même si ses réactions et aptitudes sont différentes d'avant.

Le premier temps est un temps pour comprendre ce qui se passe en vous, ce qu'est le burn out et prendre le repos nécessaire. Cette étape peut parfois durer plusieurs années, en fonction de la durée et de la gravité de la phase de destruction initiale du burn out.

Alors inutile de culpabiliser si au bout de quelques semaines on vous fait comprendre : « ah bon tu es encore prolongé ? ».

Stop! Arrêtons la culpabilisation et n'écoutez pas les ignares qui parlent sans savoir.

Les burnés sont une armée de malmenés, or dans notre société cette armée des citrons pressés est en recrutement intensif et le nombre de burn out flambe.

Mieux nous prendrons en compte les véritables besoins de repos et de respect des personnes en burn out, plus certainement nous retrouverons des personnes solides capables de jouer un rôle actif dans notre société.

Tant que cette étape du repos n'est pas pleinement franchie comme un réservoir d'automobile plein à rebord, les autres étapes ne pourront se faire parce que le burné n'en n'aura pas la force.

Ne pas comprendre crée également un blocage pour la récupération.

Accordons à l'individu en burn out le temps nécessaire et arrêtons les reproches parce que de l'extérieur nous trouvons ce temps trop long. Les sous-entendus et reproches ne feront qu'augmenter la pression subie et retarderont le processus de remise sur pied.

Après la période de compréhension et de repos vient la phase de reconstruction, où il s'agira de vous ressourcer pour retrouver le goût de vivre.

Lors de cette étape le burné a besoin d'être accepté tel qu'il est maintenant. Il peut être très clair envers son entourage en disant : « j'ai besoin de me sentir aimé et apprécié pour ce que je suis aujourd'hui ».

« J'ai un besoin vital de me sentir précieux alors ne viens pas me faire le reproche de mes pseudo- traumatismes, de mes failles, de mes hypothétiques faiblesses qui selon toi expliqueraient pourquoi je suis victime d'un burn out » peut également être dit.

« Aime moi tel que je suis et nourris moi de sentiments positifs et bienveillants qui me permettent de me raccrocher à la vie ».

Souvent dans la source du burn out on identifie une cause : le travail, la charge familiale etc, on a tendance à découper sa vie en tranches et donc on impute le burn out à une partie de sa vie.

Or souvent il résulte d'une pression extrême cumulée. Cumulée parfois sur plusieurs domaines et surtout cumulée dans le temps passé et présent. Mis bout à bout en expliquant tout on comprend que ce serait trop pour beaucoup; encore faut-il que l'entourage personnel et professionnel accepte cette réalité ce qui demandera une remise en cause de chacun.

<u>Il pourrait y avoir quelques êtres qui ayant tout vécu de la même manière n'auraient pas fait un burn out et alors cela fait il de moi un être faible ?</u>

<u>Souvenons-nous : sommes-nous tous capables physiquement de courir l'ultra-trail ?</u> Bien sûr que non, et pourtant lorsque le médecin nous examine, son seul cursus pour déterminer si nous sommes en bonne santé va-t-il être : courrez vous l'ultra-trail ? NON

<u>Alors pourquoi au niveau de la résistance à la pression devrions nous tous être des coureurs d'ultra-trail ?</u>

Arrêtons de penser que burn out rime avec personne fragile. On n'aide pas du tout à la reconstruction de la personne en lui reflétant cette image. C'est culpabilisant, elle n'a vraiment pas besoin de cela.

Pour elle ce qu'elle a vécu est trop, point barre. Ne jugeons pas à notre mesure ce que l'autre est capable de supporter, ce raisonnement n'aidera personne.

Nous ne sautons pas tous 2m50 en hauteur, nous ne sommes pas tous des marathoniens. Alors pourquoi psychiquement devrions-nous **tous tenir bon quelles que soient les circonstances.**

L'argument évoqué en entreprise est souvent : il faut que ça tourne. Sauf que la variable d'ajustement est alors la vie de l'individu et derrière sa vie il y a aussi une famille et des amis qui forment une société.

Si on veut que les choses tournent durablement en entreprise et dans la société il va falloir que les choses évoluent et que l'être humain ne soit plus la seule et unique variable d'ajustement, mais qu'il soit remis au centre des préoccupations.

Les burnés sont souvent des personnes sérieuses et consciencieuses.

Leur permettre de retrouver leurs forces

lorsque la fatigue physique et psychique s'installe, c'est conserver dans l'entreprise et dans la société un élément consciencieux, travailleur et de grande valeur.

La preuve ? Il a préféré s'épuiser que de mal faire son travail. Ces personnes méritent la plus grande considération et le plus grand respect et une adaptation du fonctionnement de l'entreprise ou de la société, sous risque de voir monter dans les années à venir une flambée du nombre d'invalides.

Chapitre 5
Guérir du Burn Out ?

Le burn out est une réaction normale de mise en sécurité face à une pression excessive pour l'individu.

Pour comprendre souvenez-vous du Titanic.

Oui il a coulé. Mais souvenez-vous pourquoi ?

L'iceberg, les canaux de sauvetage en nombre insuffisant, tout cela nous le savons.

Mais connaissons-nous l'importance des caissons étanches dans un paquebot ?

Les caissons étanches ce sont de grandes et lourdes portes qui séparent les différentes parties d'un bateau. En cas d'avarie sur une partie de la coque ces portes de protection sont baissées et permettent que le trou laissant entrer l'eau dans le bateau soit contenu sur une partie du bateau seulement et ne se répande pas dans toute la coque. Les dégâts sont ainsi présents mais ils sont maîtrisés.

Oui la coque est abîmée et le bateau aura besoin de réparation mais par contre les portes étanches auront empêché l'eau d'aller partout dans le bateau et de le faire couler.

Pour le Titanic les caissons étanches n'étaient pas achevés, ils n'ont donc pas pu remplir leur rôle protecteur, l'eau s'est répandue partout et le bateau a coulé.

Votre burn out ce sont vos portes étanches qui ont fonctionné, elles ont remplie leur rôle.

Oui votre corps et votre esprit se sont bloqués et se sont mis en mode réparation et un long séjour au port est nécessaire.

Oui, oui et oui. Mais par contre cette mise en sécurité vous a sauvé la vie, empêchant que les dégâts n'aillent plus loin.

C'est en ce sens que le burn out dû à une pression excessive, excessive pour l'individu, n'est pas une maladie au sens courant du mot. C'est au contraire le signe que vous fonctionnez bien. Vous vous êtes protégé pour vous permettre de vous réparer en sécurité.

Le burn out est votre caisson étanche.

Le burn out n'est pas un dégât dont on ne peut pas se remettre.

Quand on est au creux de la vague, effectivement on est persuadé qu'on n'aura plus la force de se remettre sur pied car on a perdu la maîtrise de sa force et de ses mécanismes habituels de fonctionnement et que ça dure beaucoup trop longtemps à nos yeux.

Mais lorsqu'on comprend pleinement le mécanisme protecteur du burn out on comprend qu'on n'est pas malade mais qu'on s'est protégé, on reprend alors confiance dans les fonctions de son corps et de sa psyché, ils fonctionnent bien ils m'ont protégé je peux compter sur eux. Et non plus tout part à vau l'eau je perds la boule.

Cette compréhension est CAPITALE pour reprendre confiance en soi et en ses capacités.

Après la phase de compréhension, une très longue phase de repos pour se remettre sur pied est nécessaire. Ensuite il conviendra de lever les portes de sécurité qui nous on protégés. Pour que ces portes de protection se relèvent bien c'est comme pour un paquebot, il est nécessaire d'arrêter la voie d'eau, il faut changer les éléments extérieurs qui ont concourus à vous mettre en mode en sécurité.

Attendre que votre corps et votre esprit réagissent différemment à la même situation seraient aller au-delà de vos mécanismes de protection.

Ce qu'il faut changer, c'est la situation qui ne vous convient plus, pas vos protections.

Se réparer après un burn out va forcément passer par bâtir une situation de vie qui vous corresponde et non par une énième fois uniquement vous adapter à ce que l'extérieur attend de vous.

Le burn out est un formidable moment de vie pour vous permettre de créer une vie qui vous correspond vraiment. C'est une chance de revivre que votre corps vous accorde.

Il faut parfois des années pour bâtir cette nouvelle vie. Mais c'est comme réapprendre à marcher, il faut accepter que cela prenne du temps.

<u>Comprendre ce qui vous arrive est la première étape pour accepter</u>. Tous vos fonctionnements habituels sont complètement azimutés, comme fous.

Maintenant vous comprenez pourquoi : vous vous êtes mis en mode sécurité : car les choses allaient trop loin pour vous.

<u>La seconde étape sera de reprendre des forces et de faire confiance à votre corps</u>. Certaines personnes qui sont en burn out depuis des années peuvent se dire: je suis en arrêt depuis des années et les forces ne reviennent pas. Oui c'est vrai.

Mais aviez-vous compris le sens réel du burn out tel que nous venons de le développer ?

Tant que cette étape n'est pas validée la démarche est plus délicate.

Reprendre des forces pour vous rebâtir solidement ne peut se faire que lorsque que vous comprenez pourquoi vous en êtes arrivés là.

Car, à partir de cette étape vous reprenez confiance en votre corps et votre esprit et vous acceptez les symptômes comme des messages qu'ils vous envoient et vous écoutez et agissez en conséquence.

Vous refaites confiance à votre corps, vous l'écoutez au lieu de lutter continuellement parce que vous ne comprenez pas pourquoi il réagit ainsi.

Je vous assure que cela change tout car vous passez du : « je n'ai plus mes moyens je ne maîtrise plus rien » à : « ok, mon corps gère et j'accepte ses messages ».

Et la lutte que vous menez depuis un moment s'arrête, vous travaillez en équipe avec votre corps.

La troisième étape est de rétablir l'équilibre sur votre balance.

Vous voyez ces anciennes balances, symbole de justice avec 2 plateaux en équilibre.

Lors du burn out votre balance est déficitaire et penche de manière totale et absolue du côté de la souffrance et de l'épuisement.

Pour ceux qui vivent un burn out dû au harcèlement moral, votre balance a accumulé des lingots de haine que l'autre a projeté sur vous.

Vous êtes en droit de vous en débarrasser et de mettre sur l'autre plateau de votre balance des lingots d'amour et de bonté qui vont vous rendre heureux et vous réparer.

Ceux pour qui l'épuisement est dû à une charge de travail excessive, sans harcèlement, vous avez d'une façon ou d'une autre donné beaucoup plus que vous n'avez reçu, et du coup il vous faut également rétablir l'équilibre de cette balance en acceptant de recevoir et en apprenant à donner de manière équilibrée.

Nous organisons de tels moments lors de nos formations. Vous pouvez aussi créer cet échange porteur de guérison auprès des vôtres ou lors d'activités qui vous bâtissent.

Utilisez le temps d'arrêt que le médecin vous propose pour reconstruire des bonheurs au quotidien et rétablir l'équilibre de votre balance, cela va reconstituer vos forces.

Une fois les plateaux rééquilibrés et les zones de danger et de surtension stoppées, les portes de sécurité s'ouvriront d'elles mêmes.

Pour qu'elles ne se verrouillent pas de nouveau il conviendra de bâtir une vie différente, une vie qui correspond à vos besoins réels et non aux besoins que la société calque sur vous.

La variable d'ajustement pour que les choses tournent, ce ne sera plus vous.

Chapitre 6
Détecter les signes du burn out

Une des principales difficultés du burn out est qu'il est comme un incendie de forêt, très difficile à détecter à ses débuts. On ne perçoit sa présence que lorsque les dégâts sont déjà très importants.

Les pompiers des régions sujettes aux incendies développent une surveillance accrue des zones à incendie.

Pour prévenir le burn out c'est pareil; il conviendrait de mettre en place une démarche d'observation humaine et bienveillante pour agir le plus tôt possible, sur les plans médicaux, familiaux et au sein de l'entreprise.

L'un des indices suggérant le burn out est l'hypervigilance.

L'hypervigilance et ses conséquences

L'un des symptômes particulièrement fort du burn out est l'hypervigilance.

Le corps humain utilise la production des hormones du stress pour fournir au corps le supplément d'énergie permettant de faire face à un danger. C'est par exemple ce qui donne des ailes en cas d'attaque, pour combattre ou fuir.

Ce mécanisme permet a une petite femme frêle de déplacer quelque chose ou quelqu'un de plus lourd qu'elle pour sauver la vie d'un proche en cas d'accident.

Lors du processus d'épuisement conduisant au burn out la personne se met en hypervigilance quasi permanente.

Le danger ? Cette extra stimulation quasi permanente crée une mise sous pression semblable à une cocotte minute qui se remplie d'énergie en circuit fermé.

Or ce mécanisme physique d'hyper vigilance est fait pour fonctionner à court terme uniquement car le corps humain n'est pas fait pour produire ces hormones du stress en permanence.

Cela lui demande une énergie considérable, cette énergie n'est alors plus disponible pour les autres fonctions secondaires en cas d'urgence, mais qui sont primordiales pour la vie quotidienne.

Les exigences vie privée, vie professionnelle se cumulent et la balance de l'individu : ce que je donne, ce que je reçois se met à pencher sérieusement, créant ainsi un important déséquilibre pour l'individu.

La personne ressent alors une fatigue intense qui la pousse à réduire ses moments de détente avec les autres, soit pour travailler et ainsi faire face à ses responsabilités, soit pour tenter de trouver un repos qui n'est déjà plus réparateur car le sommeil est de mauvaise qualité.

Le processus ainsi enclenché se renforce.

Moins la personne arrive à assumer sa surcharge de travail ou de pression, plus elle se sent en danger et plus ses hormones du stress flambent, plus elle devient hypervigilante et réactive, il en résulte un épuisement total à plus ou moins long terme.

Le fonctionnement des hormones du stress est un excellent système. Il est fait pour agir sur une courte période, le temps de fuir ou de combattre avec l'énergie de la survie. Mais mis en H24, 365 jours par an, ce processus demande énormément d'énergie et épuiserait n'importe quel corps.

C'est en partie pour cela que se remettre sur pied après un burn out demande en général un temps très long du point de vue de l'extérieur.

N'oublions pas le fait que de la même manière les personnes en bonne santé ne sont pas toutes des sportives de haut niveau capables de courir l'ultra-trail. Le fait que la personne se soit épuisée totalement lors du burn out ne signifie pas du tout qu'elle était faible avant. **Cela signifie juste qu'elle a affronté une pression hors norme pour elle.**

L'épuisement physique induit par ce processus du stress quasi-permanent conduit à la perception par le burné d'une inadéquation croissante entre ses ressources qui s'épuisent et ce qu'il a à assumer.

Ce différentiel perçu crée une détresse psychique intense. Le burné ressent qu'il n'y arrive plus et pourtant il prend sur lui pour assumer encore et encore, entamant une lutte contre les signaux feux rouges de son corps.

Après l'épuisement physique dû à la consommation énorme d'énergie pour produire les hormones du stress vient l'épuisement psychique puis le verrouillage des portes de sécurité pour empêcher le Titanic de couler : le burn out.

Il est dès lors capital de s'arrêter et de mettre à distance la situation stressante. Si c'est le travail il faut absolument faire comprendre à l'employeur ou aux collègues qu'en arrêt vous n'avez pas à être contactés.

Un second point très important est l'alimentation.

Souvent le burn out induit un dérèglement alimentaire, on ne prend pas le temps de manger, ou alors on mange n'importe quoi. On décale ses repas et à midi on ne mange pas bien car on a trop de choses impérieuses à faire. Puis après on se jette sur le premier aliment venu dont la qualité nutritionnelle est rarement excellente.

Là le processus d'insuffisance du niveau énergétique s'amplifie conduisant souvent à des malaises vagaux.

Cette faiblesse physique va bien entendu renforcer la détresse psychique car le burné a de moins en moins de force pour faire face au quotidien, plus il va mal plus il va développer son hypervigilance pour tenter de se rassurer et retrouver une certaine maîtrise de la vie qui lui échappe.

Pensez vous qu'une voiture puisse longtemps rouler sans carburant ?

Non, le véhicule s'immobilise jusqu'à ce qu'on lui apporte l'énergie nécessaire.

Pour le corps humain il en va de même, le burné aura besoin d'un apport énergétique de qualité, de s'hydrater, d'une nourriture de qualité, ainsi que de repos. Ce seront les points forts indispensables dans votre reconstruction.

Des soins médicaux appropriés seront également primordiaux.

Les addictions peuvent survenir

En burn out on a l'impression de mourir de détresse, d'être comme éviscéré sur la place publique devant tous sans que personne ne bouge.

Le burné a besoin de contre-balancer toute cette souffrance en recherchant par tous les moyens un minimum de réconfort pour répondre au besoin de se sentir vivant, aimé.

Le burné ne comprend pas ses réactions et ce qui lui arrive, la situation est encore plus incompréhensible pour ses proches, même les plus attentionnés et aimants.

De cette incompréhension résulte des maladresses qui vont encore davantage isoler le burné.

Prenons un exemple : face à un excès de pression au travail un conjoint bienveillant va chercher à proposer des activités de détente au burné.

Le burné étant en hypervigilance pour éviter la faute professionnelle, ou autre, va refuser les activités que son conjoint lui propose car il a du travail et puis franchement parce qu'il est épuisé et n'a déjà plus la force pour l'essentiel, alors si c'est pour rajouter encore des activités qui le retardent dans ce qu'il a à faire et l'épuisent, c'est non.

Et petit à petit, insidieusement toutes les tentatives de l'entourage pour permettre au burné de s'échapper tombent à l'eau et l'entourage respecte alors cette demande et arrête ses tentatives ne sachant pas comment agir au mieux.

Lorsque le processus d'auto-destruction qu'est le burn out dans sa première phase est suffisamment enclenché, le burné va souvent avoir un sursaut de survie et va chercher une échappatoire pour se sentir vivre.

Les conduites addictives pointent alors souvent le bout de leur nez : alcool, stupéfiants, médicaments pour dormir, puis médicaments pour se booster la journée et être au top, séduction ou sexualité addictive, shopping addictif, boulimie, sport à outrance etc.

Bref tout pour se sentir mieux, se sentir vivant et poser ce vêtement de souffrance qui est en train de devenir la tenue de chaque jour.

L'état de conscience lors du burn out est bien différent de celui de la même personne en temps normal.

Les réactions sont modifiées car le corps et l'esprit sont dans un état d'épuisement total.

La personne a de plus en plus la sensation d'être prise au piège.

La recherche des sensations fortes et des conduites addictives risquées apportent l'espoir illusoire d'une échappatoire.

Puis pour être très honnête, à tellement tirer sur la corde le burné n'a plus la conscience du danger car la souffrance est telle que parfois envisager de perdre la vie est presque perçu comme un soulagement.

Voilà la réalité du burn out.

À ce stade toutes ces addictions ou conduites à risque sont des appels à l'aide et des SOS d'un burné en détresse pour se raccrocher à la vie.

Les choix que fera la personne en burn out seront donc très différents des choix qu'elle aurait fais en temps normal.

De la même manière ses échappatoires en plein burn out seront très différentes de celles qu'elle aurait choisies sans burn out, tant sur les domaines que sur leur intensité.

Une personne posée et sensée avant un burn out peut alors perdre son équilibre et sa pondération en raison d'un besoin viscéral de se sentir vivre, cela déstabilise encore plus l'entourage et l'individu.

Mon propos n'est pas du tout d'excuser ces conduites, ni de les justifier. Si l'on veut agir efficacement pour aider une personne en burn out, il faut comprendre les mécanismes qui se mettent parfois en place à son insu.

Ces addictions diverses sont dans le cadre du burn out un appel à l'aide, un cri d'urgence pour dire je suis en train de mourir sur place faites quelque chose, même si je refuse souvent votre démarche de m'aider.

À travers la mise en place de ces addictions, le burné scie lui-même la branche sur laquelle il est assis.

En effet, ces conduites lui apportent pendant un temps très bref un semblant de vigueur et le sentiment de vivre.

Mais très rapidement elles ont d'importantes conséquences sur sa vie et sa santé et aggravent la situation.

Il est capital pour l'entourage bienveillant de comprendre cet aspect. Car lorsqu'on tient à un être en burn out, c'est vraiment le moment d'ouvrir les vannes de la bienveillance et de persister même si les gestes de soutien sont rejetés.

Il va falloir beaucoup de patience car se produira un moment de rebond, de conscience où le burné va comprendre votre amour sincère et votre soutien et il saisira alors la corde que vous lui tendez peut-être depuis des années, avec sans doute une certaine maladresse dûe au fait de ne pas comprendre tous ces changements de réaction de la personne que vous aimez.

Pour le burné il est important d'être conscient de ce mécanisme du ressenti de survivre à travers les addictions pour comprendre ce qui lui arrive et arrêter de scier la branche sur lequel il est assis.

Ces addictions sont un signal d'alarme qui nécessite de toute urgence d'arrêter le train fou pour prendre soin de soi.

Lorsque la détresse prend le contrôle de votre vie

Lors du burn out tout tourne autour de votre souffrance, elle devient une obsession, car vous vivez un trop plein de détresse.

L'angoisse et la panique vous submergent alors, forcément, vous en parlez pour tenter d'évacuer le trop plein que vous n'arrivez plus à contenir.

Pendant des années vous avez tout fait passer avant vous, famille, amour, travail, amis etc.

Aujourd'hui vous réexistez à travers votre souffrance ; c'est un bon signe, certes obnubilant et perturbant mais c'est une étape de franchie : vous avez fait le choix de vivre.

Ceux qui n'ont pas fait ce choix là ne sont plus.

Le burn out est donc le signe que votre esprit et votre corps ont choisi la survie, c'est en cela que le burn out est une bonne chose.

Vous avez coulé jusqu'au fond et vous avez donné le coup de pied pour remonter à la surface.

Même si dans votre détresse actuelle vous ne vous en rendez pas compte voilà ce qu'est le sens du burn out.

Et tous les cauchemars, crise d'angoisse et autres, sont le signe de votre lutte pour la survie.

Le burn out est le grappin de l'alpiniste lancé sur le rocher et qui s'est accroché. Il va vous tenir en vie lorsque vos mains vont lâcher la paroi.

Voilà, vous êtes ici aujourd'hui, vous pleurez, vous vous sentez paumé, sans force, avec des nuits remplies d'insomnies, de cauchemars, des phobies qui apparaissent alors que vous n'aviez jamais eu tout ça auparavant. Vous avez une peur panique de ne jamais réussir à retravailler ni à assumer votre quotidien alors que tout au long de votre vie vous vous êtes totalement assumé, vous et les autres.

Oui, oui, oui mille fois oui, vous vivez tout cela mais cela signifie que VOUS VIVEZ et le fait de lire ce livre, de ne pas accepter ce qui vous arrive, tout cela signifie une chose très importante: vous avez choisi la vie.

Vous avez lancé ce grappin et il s'est

fermement accroché à un rocher dur comme du fer et ce grappin va vous retenir.

Vous ne comprenez pas, vous n'acceptez pas tous ces symptômes qui changent votre vie, c'est normal.

C'est le signe que le phénix va renaître de ses cendres et qu'il reste beaucoup de choses en vous, beaucoup de ressources que le burn out n'a pas cramées.

Ces symptômes sont le signe de votre lutte pour la survie et ils vous disent : « tu es en vie, tu as choisi de vivre ».

Très souvent le burn out se détecte par sa conséquence sur votre santé physique, mal de dos, problème digestif, rupture du tendon d'Achille etc.

C'est votre corps qui vous parle et qui vous dit STOP, je n'accepterai pas que la pression aille plus loin.

Si vous ne mettez pas un terme à la cause, les symptômes vont se développer jusqu'à ce que vous écoutiez votre corps.

Beaucoup de burnés ont le sentiment de ne plus rien maîtriser physiquement, ni leurs forces, ni le reste et c'est légitime.

Lors du burn out la pression atteint un degré élevé, souvenez-vous de la cocotte minute. Pour diminuer la pression qui tourne en circuit fermé en vous il va être indispensable de faire sortir les choses.

Il y a donc une étape parfois longue où le burné parle sans arrêt de sa situation, de ses angoisses et pleure beaucoup en parlant.

Cette étape est perturbante pour le burné mais elle est également très déstabilisante pour son environnement personnel qui ne sait plus comment agir, ni quoi faire.

Très franchement, il faut écouter, rassurer et par-dessus tout aimer et accepter que la personne forte que vous connaissez s'effondre.

Cette énergie, ce stress accumulé se traduit par des douleurs physiques intenses et variées, établissant dès lors les liens du corps et de l'esprit. Si l'un est « malade » cela crée un déséquilibre pour l'autre.

Galère pensez-vous ? Oui on peut le penser légitimement et ne plus savoir quoi traiter : le corps ou l'esprit ?

Un médecin compétent vous orientera efficacement.

Ce lien corps-esprit ouvre une porte d'accès pour faire sortir cette détresse qui tourne en boucle.

En effet, si l'esprit est verrouillé diverses techniques permettent physiquement de faire sortir cette violence interne.

Lorsque le corps aura évacué une partie de la pression et que le burné aura suffisamment parlé et pleuré, rappelons que cette étape peut parfois durer des années lorsque le burn out est très impactant.

Une fois cette étape franchie, les larmes s'arrêtent progressivement et la parole se tarit et parfois la personne ne peut plus ou ne veut plus en parler.

Ce peut être difficile à comprendre mais

il convient de l'accepter, c'est ainsi.

À ce stade, le burné n'est pas forcément en mesure de reprendre une activité professionnelle et doit alors continuer à être expertisé régulièrement pour justifier de la poursuite de l'arrêt.

Soyez honnête et fournissez les expertises précédentes et expliquez que vous n'arrivez plus à en parler.

C'est un peu comme une cicatrice d'opération : il y a ce passage délicat entre : la plaie s'est refermée mais la zone est fragile et on n'arrive pas à être touché à cet endroit.

Respectons ce temps de la reconstruction.

Dans le secret de son être le burné pose les bases de ses nouvelles fondations. Comme dans le bâtiment pour que les fondations soient solidement établies et supportent le poids d'une nouvelle construction le temps de séchage est important.

Se reconstruire après un burn out prend du temps.

Il est nécessaire que chacun l'accepte, le burné, ses proches, l'entreprise, et la société.

C'est à ce prix seulement que l'individu sera de nouveau solidement établi.

Chapitre 7
Un temps pour rebondir ?

La notion de temps suspendu est capitale pour comprendre vraiment ce qui vous arrive.

Rebondir après un burn out peut prendre plusieurs années en fonction du temps de chacun et du degré de verrouillage des portes de sécurité.

Plus l'impact aura été fort, plus anormale et longue aura été la situation impactante, plus le temps pour retrouver sa dynamique pourra être important.

Les choses sont en quelque sorte figées dans le temps et il convient de l'accepter.

Il y a un temps pour reprendre des forces suffisantes, pour voir clairement la situation et pour permettre au corps de récupérer.

Une exigeante pression financière obnubile souvent la personne vivant le burn out.

Pour bien comprendre, pendant le burn

out on perd pendant un certain temps presque tous ses moyens comme une personne qui se retrouve brutalement en fauteuil roulant et qui ne peut plus marcher pour effectuer son quotidien.

Vous ressentez cette angoisse de ne plus rien maîtriser. Plus de force, plus les ressources fonctionnelles habituelles, plus de repos efficace…

Dans ces circonstances une effroyable peur légitime s'installe : comment vais-je subvenir à mes besoins ?

En effet c'est comme marcher en fauteuil roulant : impossible.

Il va falloir apprendre à vivre différemment, à se déplacer différemment en fonction des capacités actuelles.

Voilà, vous êtes dans cet état et là c'est panique générale, paralysie psychique.

Les angoisses s'intensifient et le chat se mord la queue, le cercle infernal est enclenché : je n'ai plus de force, je m'effondre à la moindre chose, je ne suis plus comme avant, et je ne me sens plus capable de gagner ma vie comme je le faisais avant car je suis dans un état très différent, cela accentue mes angoisses et le cycle pervers se renforce.

Le temps administratif du burn out est bien différent du temps du corps.

La durée des arrêts de travail lance l'implacable chronomètre de sa course.

En fonction de votre régime social et de la qualification des arrêts c'est un, deux ou trois ans à plein salaire, puis inexorablement arrive la « menace » du mi-salaire, du licenciement, de l'inaptitude voire de la mise en retraite pour inaptitude.

Ces changements de situations ont un point commun redouté et très anxiogène pour les burnés, une baisse conséquente de leurs revenus.

Cette baisse des revenus est d'autant plus impactante qu'un burn out coûte cher, de très nombreux soins à effectuer dans la durée sont peu voire pas du tout remboursés.

Tout cela sans compter le besoin de se

faire du bien pour contrebalancer cette souffrance, et la nécessité de bien se nourrir.

Or, sans un certain revenu, impossible de mettre tout en œuvre pour se sortir du gouffre.

Ce serait un peu comme si les sauveteurs en mer vous récupèrent et au moment de vous tendre la main pour vous sortir de l'eau glacée où vous vous noyez ils vous disent : ça fait tant.

Or vous n'avez pas ou plus ces revenus.

Et là bing, on vous laisse tomber et vous restez dans l'eau froide.

Cette image a pour but d'insister sur le fait que la prise en charge sociale du burn out doit évoluer.

Remettre solidement sur pied les burnés a un coût que, bien souvent ils ne sont pas en mesure d'assumer, et sans certains traitements la reconstruction est plus longue voire plus hasardeuse.

Comme une pression supplémentaire à la

perte des moyens humains s'ajoute la perte des moyens financiers.

L'angoisse flambe : « comment vais-je faire ? vite guérir ! ! ! ».« Dis Ginette ça fait 3 ans que tu es arrêtée c'est le moment de réagir ! ! ! » vous fait souvent sentir l'extérieur.

Alors que pour vous l'arrêt n'a pas apporté suffisamment de repos.

Et là, blocage, vous ne pouvez pas, vos ressources internes ne se sont pas reconstituées et les un, deux ou trois ans écoulés n'ont pas encore permis de tarir les larmes du baromètre de votre détresse interne.

Alors reprendre un travail dans ces conditions est comme courir un marathon avec une grippe carabinée.

On attend de vous un effort monumental alors que vous êtes à peine capable de sortir du lit pour prendre une douche.

Certains prennent le chemin de la loi légale : reconnaissance du handicap, de l'invalidité, procès en reconnaissance pour faute inexcusable de l'employeur etc.

Divers combats qui sont bien souvent nécessaires pour que l'extérieur fournisse les ressources financières nécessaires au temps de rétablissement dont vous avez besoin d'une façon vitale puisque vous n'arrivez même plus à vous lever le matin pour prendre une douche.

Alors, reprendre un travail est comme gravir l'Everest quand, même grimper 2 étages prend toutes vos forces de la journée. Mission impossible, et en l'occurrence vous n'avez pas l'énergie de Tom Cruise !

Malheureusement ce combat en reconnaissance demande des forces que vous n'avez pas.

Remplir tel document avant telle date vous semble un travail aussi impossible et éprouvant que les douze travaux d'Hercule.

D'autant impossible que chaque démarche vous replonge dans le problème et vous recoulez en un clin d'œil aussi profondément que dans la fosse des Mariannes.

Le corps médical et le législateur vont devoir prendre conscience du temps du corps pour le burn out et accepter les démarches et les délais nécessaires à la reconstruction s'ils souhaitent que la population croissante des burnés se relève durablement.

De plus en plus de médecins sont conscients de la réalité et du degré de souffrance du burn out, ils sauvent sans aucun doute de nombreuses vies par leur attitude bienveillante.

Se remettre sur pied et entamer une reconstruction solide prend un temps incompressible comme celui nécessaire à la construction d'une maison. Le burné doit être protégé durant cette reconstruction.

Durant ce temps, certains burnés demandent à un proche d'ouvrir leur boîte aux lettres afin de choisir le temps où la situation fera irruption dans leur vie et quand ils choisiront d'aller consulter leur courrier afin de ne pas avoir la boule au ventre chaque jour en ouvrant leur boite aux lettres.

Externaliser la situation peut être une

étape importante pour dire : cette situation ne franchit pas mon domicile, j'ai un espace privé où cet extérieur qui m'a détruit à l'intérieur n'entre pas ; cette boite aux lettres peut être comme un videur de boite de nuit qui refoule la source de tension et lui refuse l'entrée de votre vie privée.

Une précaution à respecter cependant sera de pouvoir être contrôlé médicalement afin de respecter la loi sur ce point.

Pour se remettre sur pied il va être très important de se faire aider sur le plan médical, c'est inévitable.

Il va également être capital d'être soutenu et entouré tant sur les plans affectifs ainsi que sur le plan de la défense de ses droits administratifs.

Les combattants efficaces de l'antiquité appréciaient d'être à deux, l'un assurant la protection de l'autre sur son angle mort et vice-versa.

Une association, un syndicat pourront être cette aide administrative dans votre combat pour votre sécurité.

Une sentinelle efficace en qui vous avez confiance sera une aide importante pour alléger la pression.

Aujourd'hui des associations font un travail formidable pour que vous ne soyez plus seul face au burn out. N'hésitez pas, leur démarche est importante pour vous.

Beaucoup de médecins généralistes comprennent de mieux en mieux le burn out, ouvrez votre cœur et expliquez ce que vous vivez.

Vous avez besoin d'eux, de leur humanité, de leurs soins et de ce temps si précieux qu'ils peuvent vous accorder à travers un arrêt pour vous rebâtir.

Leur regard expérimenté sur le burn out vous permettra d'entendre des mots justes qui guérissent.

Chapitre 8
Vouloir guérir à tout prix ?

Vouloir guérir à tout prix du burn out est une attente légitime.

Sauf que le burn out est un système de sécurité qui s'est enclenché et vous met hors jeu pour vous sauver de la brûlure totale.

En tant que tel, vouloir guérir du burn out, c'est vouloir atteindre l'inaccessible étoile, c'est impossible.

Vous n'êtes pas malade vous êtes en mode sécurité.

Vouloir guérir est donc une attente irréaliste car elle ne correspond pas à la réalité.

Le burn out témoigne que vous fonctionnez bien et que vous vous êtes protégé.

La reconstruction et le repos permettront de rouvrir les portes de sécurité.

Changer les situations externes qui vous ont verrouillé facilitera la reprise en mains de votre vie.

Votre vie après le burn out sera définitivement différente de votre vie d'avant.

Il y aura ce que vous et l'extérieur pouvez percevoir comme des fragilités, elles n'en sont pas : ce sont des limites que votre corps et votre psyché fixent pour que les choses n'aillent plus aussi loin pour vous.

Les phobies, les réactions trop fortes, les crises de larmes sont des garde-fous qui vous protègent de ce qui ne vous convient plus.

Au départ, ces garde-fous seront des barrières en barbelés hautes de 18 mètres qui s'érigeront en un quart de seconde à la moindre provocation, puis progressivement ces garde-fous s'ajusteront au danger réel et non plus au danger perçu.

Il faudra du temps, mais ces réactions et ces garde-fous ne sont pas un handicap, ce sont vos nouveaux moyens de protection pour que plus jamais les choses n'aillent aussi loin.

Acceptez-les comme tels et apprenez à les dompter.

Vouloir guérir à tout prix crée une attente qui ne se réalisera pas, c'est ouvrir la porte à une souffrance, c'est accepter qu'une plaie ouverte ne se referme pas.

Le burn out comporte un travail de deuil, le deuil de votre ancien mode de vie.

La vie après un burn out est forcément différente de la vie d'avant.

L'accepter facilitera votre mieux être.

Refuser vous fera vivre dans la douleur car votre corps n'acceptera plus ce qu'il a rejeté avec autant de force.

Votre acceptation du changement est donc très importante pour faciliter l'après burn out.

Que vous l'acceptiez ou non les choses sont différentes après un burn out, vos réactions, vos compétences, vos forces etc.

Pour autant, différent ne signifie pas

moins bien.

Certains aspects sont mieux, pour d'autres vous aurez parfois l'impression d'avoir perdu.

Plus vite vous l'accepterez, mieux vous vivrez ces différences perçues.

Un stress intense peut entraîner une destruction de certains schémas neuronaux, du coup vous ressentez une perte.

C'est là qu'est le travail de deuil.

La différence avec un deuil classique est qu'il y a bien une perte, mais il y a une renaissance à vous-même.

Vos neurones vont créer de nouvelles connections, vous allez développer de nouvelles capacités.

Elles seront différentes de celles d'avant mais pas moins bien.

Faites confiance à votre corps, il est très bien fait et ce système de protection qu'est le burn out n'est pas un système de destruction, c'est un système de survie.

Soyez-en convaincu, cela vous aidera à accepter plus facilement les différences avec votre vie d'avant et je suis convaincue que votre vie d'après sera meilleure pour vous sur le long terme car c'est une vie qui respectera vos besoins et vos valeurs.

Le burn out c est renaître à soi-même.

Lors de la naissance, la majorité des femmes ne maîtrisent plus grand-chose.

La douleur s'empare d'elles et cris, larmes et souffrances physiques s'enchaînent lors d'heures interminables.

Parfois même les sphincters lâchent prise.

Bien voilà psychologiquement et souvent physiquement le burné ne maîtrise guère plus de choses et déguste.

Le burné comme l'accouchée ont très souvent envie d'être ailleurs au moins quelques heures.

Or, dans les deux situations, il est impossible de descendre avant la fin du tour, avant la délivrance.

L'accouchement après-coup, c'est le privilège exceptionnel d'avoir donné la vie. C'est une capacité unique que les chercheurs n'ont pas réussi à recréer intégralement.

Cette capacité unique et merveilleuse passe par un processus qui, pendant un temps, est vécu comme une véritable épreuve.

Certaines ont exceptionnellement un accouchement moins douloureux, alors pensons aux premiers mois avec cette nouvelle vie, la fatigue, l'inexpérience d'une nouvelle situation qui change tous les fondamentaux de votre vie.

Le processus est douloureux mais créer une nouvelle vie est au bout du chemin.

Le burn out vous ramène à la vie pour un avenir où paradoxalement vous serez plus fort et plus heureux.

Lettre personnelle

Très Cher(e) burné(e) je vous souhaite :

— un repos fortifiant

— de vous reconstruire solidement

— de renaître à vous-même dans une vie qui vous correspond pleinement

— que la variable d'ajustement pour que les choses tournent, ce ne soit plus vous, mais que des attentes raisonnables et respectueuses vous permettent d'être vous mêmes, heureux et épanouis.

— de ne pas guérir ;-))) mais de toujours écouter cette voix sage du burn out.

— Je vous souhaite de comprendre et d'accepter le burn out tel qu'il est :

— Un extraordinaire mécanisme de protection qui vous sauve la vie

— une chance formidable de faire une pause dans votre course et de prendre le temps de bâtir une vie qui vous correspond vraiment.

Saisissez cette chance qui vous est accordée, comme si c était la main du sauveteur en mer qui vous sort de la tempête et vous sauve la vie.

Je vous souhaite plein de bonheurs et de joies dans cette nouvelle vie qui s'offre à vous.

Prenez confiance, l'accouchement est difficile, mais une magnifique vie s'offre à vous.